John O'Donohue

Landschaft der Seele

Aus dem Englischen von
Giovanni und Ditte Bandini

Fotografien von Fergus Bourke

Deutscher Taschenbuch Verlag

Die Textpassagen sind folgenden Bänden entnommen:
Anam Ċara. Das Buch der keltischen Weisheit (24119)
Echo der Seele. Von der Sehnsucht nach Geborgenheit (24180)

Originalausgabe
Oktober 2000
© 2000 Deutscher Taschenbuch Verlag GmbH & Co. KG, München
www.dtv.de
Das Werk ist urheberrechtlich geschützt.
Sämtliche, auch auszugsweise Verwertungen bleiben vorbehalten.
Umschlagkonzept: Balk & Brumshagen
Umschlagfoto und sämtliche Fotografien: © Fergus Bourke
Satz: Oreos GmbH, Waakirchen
Gesetzt aus der Janson Antiqua
Druck und Bindung: Appl, Wemding
Gedruckt auf säurefreiem, chlorfrei gebleichtem Papier
ISBN 3-423-24223-X

Wenn der Geist sich verändert,
verändert sich die Welt.

Das Schönste, was wir überhaupt besitzen,
ist unsere Sehnsucht.

Matutine

I.

Irgendwo, außen am Rand, geht die Nacht
Zurück, und die Wellen der Dunkelheit
Beginnen die Küste des Morgens sacht zu erhellen.

Das schwere Dunkel fällt auf die Erde herab,
Und befreit tobt die Luft von besinnungslosem Licht,
Das Herz füllt sich mit frischem, hellem Atem,
Und der Sinn schickt sich an, Farbigkeit zu gebären.

II.

Ich erhebe mich heute

Im Namen des Schweigens
Schoß des Wortes,
Im Namen der Stille
Heim des Zugehörens,
Im Namen der Einsamkeit
Der Seele und der Erde.

Ich erhebe mich heute

Gesegnet von jeglichem Ding:
Schwingen des Atems,
Wonne der Augen,
Staunen des Flüsterns,
Nähe der Berührung,
Dringlichkeit des Gedankens,
Wunder der Gesundheit,
Gottes Umarmung.

Möge ich verleben diesen Tag als Mensch

Mitfühlenden Herzens,
Gütigen Wortes,
Freundlichen Achtens,
Mutigen Sinns,
Freigebiger Liebe.

Am Anfang war der Traum. In der ewigen Nacht, der kein Morgen dämmerte, vertiefte sich der Traum. Ehe irgendetwas war, musste es geträumt werden. Alles hatte seinen Anfang in der Möglichkeit. Jedes einzelne Ding ist in gewisser Weise der Ausdruck und die Inkarnation eines Gedankens. Wäre ein Ding nie gedacht worden, könnte es niemals sein. Begreifen wir die Natur als die große Meisterin der Sehnsucht, dann sind alle äußeren Erscheinungen in der Welt aus ihrem Geist und ihrer Vorstellung hervorgegangen. Wir sind Kinder der Träume der Erde. Vergleichen wir die schweigsame Nächtlichkeit der Natur mit der abgesonderten, intimen Intensität der Person, scheint es fast, als sei die Natur in Traum versunken - und als seien wir ihre Kinder, die das Morgenrot durchbrochen und somit zu Zeit und Ort gefunden haben.

Im Träumen der Erde geformt, bleiben wir in gewisser Weise ständig darin befangen – wir sind nicht imstande, endgültig zu entscheiden, was Traum und was Wirklichkeit ist. Tag für Tag leben wir in der sogenannten Wirklichkeit. Doch je länger wir darüber nachdenken, desto mehr will uns das Leben wie ein Traum erscheinen.

Wir hasten mit einer hektischen Verbissenheit durch den Tag, als seien wir zu Managern des Daseins eingesetzt und als hänge der Erfolg des großen Welt-Entwurfs einzig und allein von uns ab. Wir sorgen und ängstigen uns; wir blähen Belangloses auf, bis es hinlängliche Wichtigkeit besitzt, um unser ganzes Leben zu vereinnahmen. Dabei aber vergessen wir, dass wir nur Zeit-weilende sind auf dem Antlitz eines fremden Planeten, der langsam durch die endlose Nacht des Universums dahinrollt.

15

Unsere Seele kennt die geografischen Gegebenheiten unseres Schicksals ganz genau. Nur sie besitzt die Landkarte unserer Zukunft, und deshalb können wir dieser indirekten, abgewandten Seite unserer selbst unbesorgt vertrauen. Wenn wir ihr vertrauen, wird sie uns genau an unser vorbestimmtes Ziel führen – aber wichtiger noch: sie wird uns einen sanften, zwanglosen

Rhythmus für unsere spirituelle Reise lehren. Es gibt keine allgemein gültigen Regeln für diese »Seinskunst«. Doch die Signatur dieser einzigartigen Wanderung ist tief in jede individuelle Seele eingeschrieben. Wenn wir auf unser Selbst achten und danach streben, in unserer eigenen Gegenwart zu verweilen, werden wir genau den richtigen Rhythmus für unser Leben finden.

Ein Tag ist etwas Kostbares, denn jeder Tag ist der
Mikrokosmos unseres ganzen Lebens. Jeder neue Tag
bietet Möglichkeiten und Aussichten, die noch nie
zuvor gegeben waren. Sich dem vollständigen Potenzial
unseres Lebens ehrenvoll zu stellen bedeutet, sich den
Möglichkeiten unseres jeweils neuen Tages auf würdige
Weise zu stellen.

Zwischen der Weise, wie wir Dinge betrachten, und dem, was wir tatsächlich entdecken, besteht ein enger Zusammenhang. Wenn es uns gelingt zu lernen, unser Selbst und unser Leben auf eine liebevolle, schöpferische und abenteuerliche Weise zu betrachten, können wir uns auf erstaunliche, wunderbare Entdeckungen gefasst machen.

Bereits Jahrmillionen vor unserer Ankunft wurde der Traum unserer Individualität auf das Sorgfältigste vorbereitet. Jedem Einzelnen wurde ein bestimmtes Schicksal zugeteilt, das ihm ermöglichen sollte, die besondere Gabe, die er der Welt mitbringt, in vollkommener Weise zu verwirklichen. Jeder Mensch hat ein einzigartiges Schicksal. Auch Sie haben hier eine Aufgabe zu erfüllen, die niemand anders als Sie erfüllen kann. Wenn jemand anders dazu imstande wäre, dann befände *er* sich an Ihrem Platz, und Sie wären überhaupt nicht hier. Es ist in der Tiefe unseres Lebens angelegt, dass wir die unsichtbare Notwendigkeit erkennen, die uns hierher gebracht hat. Wenn wir diese Tatsache entschlüsseln, erwachen unsere Gabe und unsere Begabung zu wahrem Leben. Unser Herz pulsiert schneller, und der Drang, unser Leben in der ihm vorbestimmten Fülle auszuleben, entfacht unsere Kreativität. Wenn es uns gelingt, dieses Gefühl von Bestimmung in uns wachzurufen, dann finden wir spontan den Rhythmus unseres Lebens.

25

Der Körper wohnt in der Seele

Wir müssen lernen, der indirekten Seite unserer selbst
zu vertrauen. Unsere Seele ist die versteckte Seite unseres Geistes und unseres Körpers. Die abendländische
Kultur hat seit Jahrhunderten immer wieder versucht,
uns weiszumachen, die Seele wohne im Leib. Man
dachte früher, sie sitze in einem kleinen, besonders
»verfeinerten« Bereich des Körpers. Vielfach stellte
man sie sich als weiß vor. Wenn ein Mensch starb, flog
die Seele, wie man glaubte, davon, und der leere Körper
fiel in sich zusammen. Diese Auffassung von der Seele
scheint absolut falsch zu sein. Tatsächlich ist das Ver-
hältnis von Körper und Seele gemäß der älteren und
archaischeren Anschauung genau umgekehrt. Der Körper wohnt in der Seele. Unsere Seele reicht weiter in
die Welt hinein als der Körper, und gleichzeitig durch-
dringt sie unseren Körper und unseren Geist. Unsere
Seele besitzt weit empfindlichere Antennen als unser
Verstand oder unser Ich. Das Vertrauen in diese halb-
schattige Dimension bringt uns zu neuen Orten im
menschlichen Abenteuer. Aber wir müssen loslassen,
um zu sein. Wir müssen aufhören, uns zu zwingen, oder
wir werden niemals unsere Bestimmung erreichen.
Etwas Archaisches in uns arbeitet daran, Neues zu
erschaffen. Tatsächlich bedarf es sehr wenig, um ein
wahres Gefühl für unsere spirituelle Individualität zu

entwickeln. Eine der wenigen absolut unerlässlichen
Bedingungen ist Stille; die andere ist Einsamkeit.
Einsamkeit ist eines der kostbarsten Dinge, die sich im
menschlichen Geist finden. Einsamkeit bedeutet nicht,
sich einsam zu *fühlen*. Wenn wir uns einsam fühlen, sind
wir uns unserer Abgesondertheit, unseres Getrennt-
seins, sehr bewusst. Wahre Einsamkeit aber kann eine
Heimkehr zu unserer eigentlichsten Zugehörigkeit
sein. Ein schöner Aspekt unserer Individualität ist das
Inkommensurable in uns, das, was mit nichts anderem
vergleichbar ist. In jedem Menschen gibt es einen
Punkt absoluter Nichtberührung mit allem und jedem.
Dieser Punkt ist ein kostbarer Schatz, obgleich die Erkenntnis seiner Existenz anfangs beängstigend auf uns
wirken mag: doch sie bedeutet, dass wir nicht fortfahren
dürfen, außerhalb unserer selbst nach den Dingen zu
suchen, die wir in unserem Innersten benötigen. Die
Segnungen, nach denen wir uns sehnen, sind an keinem
anderen Ort und in keinem anderen Menschen zu finden. Nur unser eigenes Selbst kann sie uns gewähren.
Sie sind am Herdfeuer unserer Seele zu Hause.

Wenn die Sehnsucht stirbt, endet alle Kreativität. Die beschwerliche Aufgabe des Menschen besteht darin, Sehnsucht und Zugehörigkeit so auszubalancieren, dass sie miteinander und gegeneinander wirken, um alle Möglichkeiten und Gaben, die in uns ruhen, wachzurufen und in diesem einen Leben Wirklichkeit werden zu lassen. All unsere Sehnsucht ist nichts als ein ewiges Echo der Göttlichen Sehnsucht, die uns erschaffen hat und uns hier am Leben erhält. Geborgen in der Umarmung der Großen Zugehörigkeit, können wir es wagen, uns von unserer Sehnsucht zum Berg der Verklärung führen zu lassen.

Ich erinnere mich, wie ich als Kind das Echo entdeckte. Es war, als mein Vater mich zum ersten Mal zum Viehhüten in die Berge mitnahm. Als wir an einer Kalksteinklippe vorbeikamen, rief er nach dem Vieh, das sich in einiger Entfernung von uns befand. Sein Ruf war kaum verklungen, als er vom Stein exakt nachgebildet und wieder zurückgeworfen wurde. Es war eine faszinierende Entdeckung. Ich probierte es selbst aus, und jedes Mal warf das Echo meine Stimme unverändert zurück. Es war so, als ob die massiven Kalksteinberge mit geheimem Gehörsinn und Stimme ausgestattet seien. Ihre natürliche Reglosigkeit und Stille brachen unvermittelt in eine exakte Nachahmung der menschlichen Stimme aus, die darauf hindeutete, dass in den Tiefen des Schweigens ein mitschwingendes Herz ruht; der Stein antwortet in genauer lautlicher Entsprechung. In der Einsamkeit der Berge unser Echo zu vernehmen, lässt uns erahnen, dass wir nicht allein sind. Die Landschaft und die Natur kennen uns, und das zurückkehrende Echo scheint zu bestätigen, dass wir hier hingehören. Wir leben in einer Welt, die auf unsere Sehnsucht anspricht; sie ist ein Ort, wo die Echos stets, wenn auch bisweilen langsam, zu einem zurückkehren. Es ist so, als stecke die dynamische Symmetrie des Echos den Radius eines unsichtbaren, aber mächtigen Kreises der Zugehörigkeit ab.

Der Mensch sehnt sich danach zu verweilen. Der Begriff des Verweilens schließt die Vorstellung der »Weile« ein, der begrenzten Zeitspanne, und die Anerkennung unserer wesenhaften Pilgerschaft: die Einsicht, dass unser Bleiben auf Erden nur von kurzer Dauer sein wird. Seit uralten Zeiten stecken wir Menschen uns Orte des Verweilens ab. Gegen die ungehemmte Ausdehnung der Natur nimmt sich ein solcher Ort unseres Weilens oder Wohnens stets als besonders intensiv aus. Er ist ein Nest der Wärme und Intimität. Über die Jahre und Generationen nimmt die Wohnstätte eine starke Aura von Seele in sich auf und verwandelt sich gewissermaßen in einen Tempel der Gegenwart. Wir hinterlassen unsere Gegenwart an allem, was wir berühren, und überall dort, wo wir wohnen. Diese Gegenwart kann nie wieder getilgt oder widerrufen werden; die Aura besteht fort. Gegenwart hinterlässt einen Eindruck im Äther eines Ortes. Ich stelle mir vor, dass der Tod jedes Tieres und Menschen eine unsichtbare Ruine in der Welt hinterlässt. Je älter die Welt wird, desto mehr füllt sie sich mit den Ruinen verschwundener Gegenwart. Selbst nach vielen Jahren lässt sich dies an den Ruinen von Häusern spüren. Jede Ruine bewahrt die Erinnerung an die Menschen, die sie einst bewohnten. Wenn die Ruine an einer Straße liegt, ist ihr Schweigen dem unaufhörlichen Aufprall der umgebenden Echos ausgesetzt. Aber wenn sie allein auf weiter Flur steht, vermag sie es, ihre individuelle Signatur von Gegenwart gegen die umliegende Natur zu behaupten. Eine Ruine ist nie einfach »leer«: Sie bleibt stets ein lebendiger Raum der Abwesenheit. Alle Stätten des Verweilens, auch die bewohnten, bewahren ihr Gedächtnis, und es wird fortwährend gemehrt und vertieft von jeder folgenden Generation. Umso ergreifender ist es, wenn eine seit langem unbewohnte Ruine die Echos der Verschwundenen noch immer in sich bewahrt.

Unser Hunger nach Zugehörigkeit ist die Sehnsucht, die Distanz zwischen Isolation und Intimität zu überbrücken. Jeder sehnt sich nach Intimität und träumt von einem Nest der Zugehörigkeit, in dem er geborgen ist, in dem er erkannt und geliebt wird. In jedem von uns schreit etwas nach Zugehörigkeit. Wir können alles haben, was die Welt an Ansehen, Erfolg und Besitz zu bieten hat; doch ohne ein Gefühl der Zugehörigkeit erscheint alles leer und sinnlos. Wie der Baum, der tief in die Erde Wurzeln treibt, braucht jeder von uns den Anker der Zugehörigkeit, um den Sturmwinden nachgebend standhalten und zum Licht hin wachsen zu können. So wie der Ozean immer wieder zum selben Ufer zurückkehrt, schenkt uns ein Gefühl der Zugehörigkeit die innere Freiheit, dem Rhythmus von Verlust und Sehnsucht rückhaltlos zu vertrauen; es behütet uns außerdem vor der Einsamkeit des Lebens. Mögen wir selbst auch nicht allzu häufig über die uns umgebende Unendlichkeit nachdenken, so ist doch irgendetwas in uns ihrer ständig gewahr. Solche Unendlichkeit kann anonym und bedrohlich sein; sie bewirkt, dass wir uns belanglos und winzig fühlen. Ohne dass es uns bewusst wäre, intensiviert dies unseren Hunger nach Zugehörigkeit. Das Universum ist zu groß für uns; wir sehnen uns nach einem sicheren Nest der Geborgenheit. Das Gefühl der Zugehörigkeit schützt uns zugleich auch vor der anderen, inneren Unendlichkeit, die jeder unsichtbar in sich trägt. In jedem Geist klafft ein bodenloser Abgrund. Im Zugehören haben wir eine äußere Verankerung, die uns davor bewahrt, in uns hinabzustürzen.

Unsere Sehnsucht verlangt danach, uns zur Erkenntnis aller Möglichkeiten zu führen, die im Erdreich unseres Herzens schlummern; sie weiß um unser ewiges Potenzial, und sie wird nicht eher ruhen, bis es erwacht ist.

Ein Lieblingsplatz als Zufluchtsort

Das Gefühl unserer uralten Sehnsucht nach der Natur
wachzurufen kann uns dabei helfen, unsere Sehnsucht
zu verankern. Wenn wir allein hinausgehen und in die
Einsamkeit eintauchen, kehren wir heim zu unserer
Seele. Wenn wir einen Platz in der Natur finden, an
dem Geist und Herz zur Ruhe kommen, dann haben
wir einen Zufluchtsort für unsere Seele entdeckt. Die
westirische Landschaft bietet der Seele bereitwillig
Schutz und Geborgenheit. Es gibt Orte in den Kalk-
steinbergen, wo man der modernen Welt vollkommen
enthoben ist, wo das Auge keinerlei Spuren der letzten
zwanzig Jahrhunderte findet. Es gibt nur sanfte Skulp-
turen, die Regen und Wind in den Stein gegraben haben. Wenn das Licht herauskommt, wird der Stein ganz
weiß, und man erinnert sich, dass dies lebendiger Fels
vom Grund eines uralten Ozeans ist. Das Auge erkennt,
wie die Fossilien in seine feste Form eingeschlossen
wurden. Stellenweise, vor allem an den Kanten, ist der
Fels brüchig und rissig. An anderen Stellen ist das lange
Kalksteinpflaster so rein und makellos, als sei es gerade
erst gelegt worden. Vom Wind ausgefegt, ist dieses
Pflaster glatt und bestimmt.

Hinter dem Berggrat hört man den Chorgesang des
Ozeans. Seine treue Melodie hat diese steinerne Welt,
die einst unter seinen Wogen lebte, niemals verlassen.
Vielleicht spürt die Natur die Sehnsucht, die in uns ist,
die Rastlosigkeit, die uns niemals zur Ruhe kommen
lässt. Wenn wir sie aufsuchen, nimmt sie uns in den
Frieden ihrer Stille auf. Wir gleiten in ihre ruhige Kon-
templation und wohnen für eine Weile in der Tiefe
ihrer uralten Zugehörigkeit. Irgendwie scheinen wir
eins mit dem Rhythmus des Weltalls zu werden. Unsere
Sehnsucht gewinnt an Klarheit, und neue Kraft erfüllt
uns, so dass wir erfrischt ins Leben zurückkehren und
unsere Zugehörigkeit zur Welt läutern können. Die
Natur ruft uns zu Frieden und Rhythmus. Wenn unser
Herz verwirrt oder schwer ist, gibt uns ein Tag in der
ruhigen Ewigkeit der Natur unseren verlorenen
Seelenfrieden wieder.

Jedes menschliche Herz ist von Sehnsucht erfüllt.
Wir sehnen uns nach Glück, nach einem guten und
sinnvollen Leben, nach Liebe und der Möglichkeit,
einem anderen Menschen unser Herz zu öffnen; wir
sehnen uns danach, zu erkennen, wer wir sind, und
die Fähigkeit zu erlangen, unsere seelischen Wunden
zu heilen und zu freien und mitfühlenden Menschen
zu werden. Leben bedeutet, Sehnsucht zu haben.
Die Stimmen der Sehnsucht erfüllen unser Leben mit
Wachsamkeit und mit einem Gefühl der Dringlichkeit.
Gelingt es uns nicht, den Schutz der Zugehörigkeit
innerhalb der Grenzen unseres Lebens zu entdecken,
können wir leicht zum hilflosen Spielball unserer Sehnsucht werden, der unablässig, ohne einen Halt und
Fixpunkt, bald hierhin, bald dorthin geschleudert wird.
Es ist tröstlich, dass jeder von uns in der allumfassenden
Umarmung der Erde lebt und handelt. Wir können nie
aus dem Schutz dieser Zugehörigkeit herausfallen.

Die Sehnsucht der Erde

In der Natur zeigt sich eine unerschütterliche Treue.
Berge, Felder und Küsten sind noch nach Jahrtausen-
den an ihrem angestammten Ort. Die Landschaft fristet
ein würdevolles, zurückhaltendes Dasein. Sie kann ihre
Erinnerungen und Träume für sich behalten. Die Landschaft lebt ein kontemplatives Leben - schweigend, einsam und unbewegt. Sie trägt und birgt ihre finsteren
und einsamen Abgründe mit vollendetem Gleichmut.
Nie gerät sie aus ihrem angeborenen Rhythmus.
Schauer überraschen das Land mit plötzlicher Heftig-
keit. Winde kommen auf, wehklagen wie verirrte
Kinder und verstummen dann wieder. Jahreszeiten
wachsen zielstrebig ihrer Vollendung entgegen und
weichen zurück. Und doch verliert die Natur nie ihr
Gefühl für die richtige Abfolge. Die Gezeiten ent-
blößen das Ufer und scheinen die See abzudrängen;
dann wechseln sie und schmücken die Küste wieder mit
Blau. Morgen- und Abenddämmerung umrahmen unsere Lebenszeit mit sicheren Kreisen. Die Landschaft
ist zugleich selbstgenügsam und gastfreundlich; nicht
immer erweisen wir uns ihrer Gastlichkeit würdig.

Obwohl ihre Zugehörigkeit still und gewiss ist, lässt sich doch auch nicht leugnen, dass die Natur an ihren einen Ort gekettet ist. Dies kann die Sehnsucht in ihrem Herzen nur vertiefen. Ein kleiner Vogel landet und putzt sich eine Minute lang auf einem wuchtigen Felsblock, den das Eis vor Tausenden von Jahren in einer Ecke eines Feldes zurückließ. Das Wunder des Fluges bedeutet für den Vogel größte Freiheit; *er* kann seiner Sehnsucht überallhin folgen. Die Reglosigkeit des Steins ist makellos, doch sie bedeutet auch, dass er sich um keinen Zentimeter von seinem tausendjährigen Standort fortbewegen kann. Er erfreut sich einer absoluten Zugehörigkeit, doch wenn er sich nach einem Ortswechsel sehnt, bleibt ihm nichts anderes übrig, als von der Rückkehr des Eises zu träumen.

Vielleicht hat das Zeitgefühl des Steins die Geduld
der Ewigkeit. Die Natur ist von einer ergreifenden
Reglosigkeit. Doch uns, ihre Kinder, treibt eine
unerbittliche Sehnsucht; *uns* bleibt die Unschuld ihrer
Zugehörigkeit auf ewig verwehrt. Wo können wir der
Sehnsucht der Natur gewahr werden? Alles, was wir
von der Natur sehen, ist ihre Oberfläche. Die Schönheit, die sie an die Oberfläche sendet, kann nur aus der
Schöpferkraft großer und edler Sehnsucht rühren.
Die Ankunft des Frühlings ist ein Wunder an leuchten-
der Farbigkeit. Doch wir scheinen stets zu vergessen,
dass all diese wunderschönen Farben in der Dunkelheit
geboren wurden. Die dunkle Erde ist der Quell, aus
dem die Farbe hervorfließt. Denken wir an die Geduld
der Bäume: Jahr für Jahr recken sie sich weiter dem
Licht entgegen und halten eine Lebensader offen

zwischen der dunklen Nacht des Erdreichs und dem blauen Schimmer der Himmelssphäre. Denken wir an die schönen, erhabenen Konturen der Berge, die die Erde emportragen, an die Musik der Bäche und die geschmeidige Wanderung der Flüsse, die das beharrliche Schweigen der Landmassen mit den Chorgesängen des Ozeans verbinden. Denken wir an die Tiere, deren würdevoller und schlichter Gegenwart eine so verfeinerte Sehnsucht innewohnt. Denken wir an uns selbst und spüren wir, dass wir innig der Erde angehören und dass jeder von uns ein Turm der Sehnsucht ist, in dem sich die Natur erhebt und zu Wort kommt. Wir sind die Kinder des Erdreichs, die freigesetzt wurden, auf dass die Erde im Licht tanzen möge.

Die Seele ist voller Wanderlust. Unterdrücken wir
unsere Sehnsucht, die inneren Landschaften zu durch-
wandern, stirbt etwas in uns. Die Seele und der Geist
sind Wanderer; ihre Herkunft und ihre Bestimmung
bleiben im Dunkeln; ihr ganzes Streben gilt der
Entdeckung des Unbekannten und Fremden.

Der Baum als Künstler der Zugehörigkeit

Der Baum steigt aus dem Dunkel empor. Er kreist um das »Herz der Finsternis«, aus dem er sich dem Licht entgegenreckt. Ein Baum ist eine vollkommene Gegenwart. Auf rätselhafte Weise gelingt es ihm, seine eigene Auflösung in sich aufzuheben und zu integrieren. Der Baum zeigt seine Weisheit im Wissen um die Bejahung seines eigenen Verlusts. Weder fürchtet er den Verlust, noch sucht er ihn. Der Baum birgt und hütet den Verlust. Daraus erwächst die ruhige Würde und Gelassenheit seiner Gegenwart. Bäume stehen schön auf dem Erdreich. Sie stehen voller Würde. Ein Leben, das seinem eigenen Potenzial gerecht werden will, muss lernen, das Leiden dunkler und trostloser Zeiten in eine würdige Gegenwart zu integrieren. Der Baum lässt alte Lebensformen ziehen, um neuen Formen gastliche Aufnahme zu gewähren. Er bringt die ewigen Kräfte des Winters und des Frühlings in seiner lebendigen Rinde ins Gleichgewicht. Der Baum ist bewandert in der Kunst der Zugehörigkeit. Der Baum lehrt uns zu reisen. Allzu häufig mangelt es unseren inneren Reisen an Tiefe. Wir eilen fieberhaft voran, in immer neue Situationen und Erfahrungen, die uns weder fördern noch herausfordern können, weil wir unser tieferes Selbst schon längst hinter uns gelassen haben. Es ist daher kein Wunder, dass uns die Jagd nach oberflächlich

60

Neuem immer nur leer und erschöpft zurücklässt. Ein Großteil unserer Erfahrung ist im buchstäblichen Sinne oberflächlich; sie gleitet flink von Oberfläche zu Oberfläche. Es fehlt ihr an Verwurzelung. Der Baum kann nur deswegen dem Licht entgegenstreben, Wind, Regen und Sturm aushalten, weil er tief verwurzelt ist. Jeder seiner Äste ist letztlich in der verlässlichen Tiefe des Erdreichs verankert. Die Weisheit des Baums gleicht den nach innen gerichteten Pfad mit dem nach außen orientierten Pfad aus.

Wenn wir unsere Wurzeln in den Boden versenken, um aus dem Überfluss des Lebens zu wählen, sollten wir zärtlich und sorgsam darauf achten, wo wir unsere Wurzeln schlagen. Eines der entscheidenden Kriterien persönlicher Integrität ist die Frage, ob wir zu unserem Leben gehören oder nicht. Wenn wir den Ort unserer Zugehörigkeit in uns haben, sind wir zentriert und frei. Selbst der wütendste Sturm des Leidens oder der Verwirrung wird uns dann nicht heimatlos machen. Selbst wenn wir uns im Strudel der Ruhelosigkeit befinden, wird uns ein Ort in uns unerschütterlichen Halt geben. Diese inneren Wurzeln werden uns später ermöglichen, das Leiden, das uns heimsuchte, zu verstehen und zu integrieren. Wahre Zugehörigkeit kann die Zeiten der Verbannung integrieren.

Die keltische Weisheit wusste, dass die Natur beseelt ist und einen eigenen Geist besitzt. Berge haben eine große Seele voller Erinnerung. Ein Berg wacht über eine Landschaft und lockt ihren Sinn zum Horizont. Bäche und Flüsse rasten nie; sie sind unermüdliche Nomaden, die weder Form noch Ort für sich beanspruchen. Steine und Felder bewohnen eine meditative Reglosigkeit und scheinen allen Wünschen gegenüber immun zu sein. Die Natur ist von unaufhörlichem Gebet umhüllt. Anders als wir scheint sie nicht unter der Trennung oder Distanz zu leiden, die das Denken bedingt. Die Natur scheint nie von ihrer eigenen Gegenwart abgeschnitten zu sein. Sie lebt ununterbrochen in der Umarmung ihrer eigenen Einigkeit. Vielleicht hat sie, ohne dass wir es wissen, Mitleid mit uns Heimatlosen und Zerstreuten. Ohne Zweifel weiß sie unseren rastlosen Geist zu beruhigen, wenn wir uns nur dem Schweigen und der Stille ihrer Umarmung anvertrauen.

Wir gehören wesenhaft zum Reich der Natur. Unser Körper weiß um diese Zugehörigkeit und sehnt sich nach ihr. Er macht uns weder geistig noch emotional zu Fremdlingen in dieser Welt. Der menschliche Körper ist in der Erdenwelt zu Hause. Wahrscheinlich ist es nur ein kleiner Splitter in unserem Geist, der unser wundes Gefühl der Entfremdung verursacht. Dieses Spannungsverhältnis zwischen Erde und Geist ist die Quelle aller Kreativität. Es ist die in uns wirkende Spannung zwischen dem Uralten und dem Neuen, zwischen dem Bekannten und dem Unbekannten. Nur die Fantasie ist in diesem Rhythmus daheim. Nur sie kann durch das erhabene Zwischenreich schweifen, in dem sich die Linien dieser widersprüchlichen inneren Kräfte berühren. Die Fantasie ist der Gerechtigkeit der Ganzheit verpflichtet. Es ist nicht ihre Art, sich auf die eine Seite eines inneren Konflikts zu schlagen und die jeweils andere zu unterdrücken oder zu verdrängen; vielmehr strebt sie immer danach, eine innige Vereinigung der beiden herbeizuführen, auf dass etwas Neues und Eigenes entstehen möge. Die Fantasie liebt Symbole, weil sie weiß, dass unsere innere Göttlichkeit nur in symbolischer Gestalt zum Ausdruck gelangen kann. Durch die Fantasie erschafft und gestaltet die Seele unser inneres Erleben. Die Fantasie ist der getreuste Spiegel der inneren Welt.

Eine der schwersten Sünden – das ungelebte Leben

Wir Abendländer haben im Laufe der Jahrhunderte viel über das Wesen der Negativität und der Sünde nachgedacht und gelernt, aber man hat uns nie beigebracht, dass eine der größten Sünden das ungelebte Leben ist. Wir sind in die Welt geschickt worden, auf dass wir alles, was in uns erwacht, und alles, was auf uns zukommt, vollständig ausleben. Es ist eine einsame Erfahrung, am Sterbebett eines Menschen zu sitzen, der voller Reue ist, mit anhören zu müssen, wie ein solcher Mensch klagt und sich wünscht, er könnte wenigstens noch ein Jahr lang die Dinge tun, nach denen sich sein Herz schon immer gesehnt, die er aber immer wieder hinausgeschoben hatte: Er hatte sich den Traum seines Lebens einfach zu lange aufgespart. Viele Menschen führen nicht das Leben, das sie sich sehnlichst wünschen. Ein Großteil der Dinge, die sie davon abhalten, in ihrem Schicksal zu wohnen, sind gar nicht real. Sie sind Hirngespinste, Einbildungen des Geistes. Die Hindernisse, vor denen sie zurückschrecken, existieren in Wirklichkeit überhaupt nicht. Wir sollten unseren Ängsten oder den Erwartungen anderer nie gestatten, die Grenzen unseres Schicksals festzusetzen.

Es ist ein großes Privileg, dass *wir* noch immer Zeit haben. Wir haben nur dieses eine Leben, und es wäre eine Schande, es durch Angst und eingebildete Zwänge einzuschränken. Der Kirchenvater Irenäus, ein bedeutender Philosoph und Theologe des zweiten Jahrhunderts, sagte: »Die Herrlichkeit Gottes ist der vollkommen lebendige Mensch.« Es ist ein schöner Gedanke, dass wahre Göttlichkeit diejenige Gegenwart ist, in der sich Schönheit, Einssein, Güte, Schöpferkraft, Dunkelheit und

Negativität miteinander in harmonischer Einheit verbinden. Das Göttliche besitzt einen leidenschaftlichen schöpferischen Impetus und ein tiefes Gefühl für das vollkommen bewohnte Leben. Wenn wir uns gestatten, die Person zu sein, die wir sind, dann wird alles seinen Rhythmus finden. Wenn wir das Leben führen, das wir lieben, dann werden wir Schutz und Segnungen empfangen. Nicht selten rührt der große Mangel an Segen in uns und um uns von der Tatsache her, dass wir eben nicht das Leben führen, das wir lieben, sondern dasjenige, das von uns erwartet wird. Wir sind gleichsam aus dem Takt gekommen, haben den Rhythmus der geheimen Signatur und des Lichts unseres eigenen Wesens verlassen.

Jede Seele ist anders gestaltet. Jedem Menschen ist ein geheimes Schicksal vorbestimmt. Wenn wir versuchen, das nachzumachen, was andere getan haben, oder uns in eine vorgefertigte Form zwingen, dann verraten wir unsere Individualität. Wir müssen zu unserer Einsamkeit zurückkehren. Wir müssen den Traum wiederfinden, der am Herdfeuer unserer Seele liegt. Wir müssen diesen Traum mit der Verwunderung eines Kindes fühlen, das sich der Schwelle einer Entdeckung nähert. Sobald wir unsere kindliche Natur wiederentdecken, betreten wir eine Welt voll freundlicher Möglichkeiten. Wir werden uns dann weit häufiger als zuvor an diesem Platz finden – an diesem Ort der Ruhe, der Freude und der Feier. Die falschen Bürden fallen von uns ab. Wir finden unseren eigentlichen Rhythmus wieder. Unsere Erd-Gestalt lernt allmählich, in Schönheit auf dieser herrlichen Erde zu wandeln.

Der Tod als Einladung zur Freiheit

Wir sollten uns nicht durch das Leben unter Druck setzen lassen. Wir sollten unsere Macht, unsere Entscheidungsfreiheit niemals an andere Leute oder an ein anonymes System abtreten. Wir sollten das Gravitationszentrum, das Gleichgewicht und die Macht unserer Seele unbedingt in uns selbst zurückbehalten. Da es niemanden gibt, der imstande wäre, unseren Tod abzuwenden, gibt es auch niemanden, der Macht über uns hätte. Jede Macht ist Anmaßung. Niemand vermag es, den Tod zu überwinden. Und da keine Macht der Welt uns vor dem Tod bewahren kann, dürfen wir uns von der Welt auch nicht einreden lassen, sie hätte *irgendeine* Macht über uns. Wohl aber liegt es in unserer Macht, unsere Angst vor dem Tod zu überwinden; und wenn wir es lernen, uns nicht mehr vor unserem Tod zu fürchten, dann begreifen wir, dass wir uns auch vor nichts anderem zu ängstigen brauchen.

Wir bekommen alle nur eine Chance. Wir haben einen einzigen Durchlauf im Leben; wir können nicht einen Augenblick wiederholen, nicht *einen* Schritt neu setzen. Offenbar ist es uns bestimmt, was immer auf uns zukommt, zu bewohnen und zu leben. Auf der Unterseite des Lebens lauert die Gegenwart unseres Todes. Aber wenn wir unser Leben wirklich ganz ausleben, dann wird der Tod niemals Gewalt über uns haben. Dann wird er uns niemals wie ein zerstörerisches, negatives Ereignis erscheinen. Dann kann er für uns sogar zur Schwelle in die innerste Schatzkammer unserer Seele werden, zum Augenblick des Eintritts in den Tempel unseres Inneren.

Die Welt ruht in der Nacht. Bäume, Berge, Felder und
Gesichter werden aus dem Gefängnis der Form und
von der Bürde des Preisgegebenseins befreit. Jegliches
Ding zieht sich in der Geborgenheit des Dunkels in
seine eigene Natur zurück. Die Dunkelheit ist der
uranfängliche Schoß. Nachtzeit ist Schoß-Zeit. Unsere
Seelen kommen zum Spielen heraus. Die Dunkelheit
löst alles auf; das Ringen um Identität und Eindruck
fällt von uns ab. Wir ruhen in der Nacht.

Die Morgendämmerung ist eine erfrischende Zeit, eine Zeit der Möglichkeit und der Verheißung. Alle Elemente der Natur – Steine, Felder, Flüsse und Tiere – sind plötzlich im klaren Morgenlicht wieder da. Ebenso wie die Dunkelheit Ruhe und Befreiung gewährt, bringt die Morgendämmerung Erwachen und Erneuerung. In unserer Mittelmäßigkeit und Zerstreutheit vergessen wir allzu oft, welch ein Privileg es ist, inmitten eines wundersamen Universums zu wandeln. Jeden Tag aufs Neue enthüllt die Dämmerung das Mysterium dieses Universums.

Vollkommenheit ist die Erfüllung eines in seiner Ganzheit gelebten und bewohnten Lebens.

Die Landschaft ist das Erstgeborene der Schöpfung. Sie war bereits Hunderte von Millionen von Jahren da, bevor die Blumen, die Tiere oder die Menschen erschienen. Die Landschaft war völlig allein da. Sie ist das Älteste alles Vorhandenen in der Welt, aber sie bedarf der Anwesenheit des Menschen, der sie erst erkennen kann. Man könnte sich vorstellen, dass die Ozeane verstummten und die Winde sich legten, als das Gesicht des Menschen hier auf Erden erschien. Es ist das Erstaunlichste, was je erschaffen wurde. Im menschlichen Gesicht verinnerlicht sich die Anonymität des Universums zur Intimität. Der Traum der Winde und der

Ozeane, die Stille der Sterne und der Berge haben im menschlichen Gesicht eine mütterliche Gegenwärtigkeit erreicht. Die verborgene, heimliche Wärme der Schöpfung kommt hier zum Ausdruck. Das Gesicht ist die Ikone der Schöpfung. Der Geist des Menschen ist der Ort, wo das Universum erstmals mit sich selbst in Resonanz tritt. Das Gesicht ist der Spiegel des Geistes. Im Menschen findet die Schöpfung die Intimität, nach der sie sich stumm verzehrt. Der Spiegel des Geistes ermöglicht es der diffusen, unendlichen Natur, sich ihrer selbst gewahr zu werden.

Ich stelle mir vor, dass die Berge von der Ankunft des
menschlichen Auges träumen.
Wenn das Auge sich öffnet, ist es wie die Morgenröte,
die den schwarzen Vorhang der Nacht aufreißt.
Wenn es sich öffnet, ersteht eine neue Welt.

Das Schweigen der Landschaft verbirgt eine gewaltige
Gegenwart. Der Ort ist nicht lediglich ein Wo. Ein Ort
ist ein zutiefst individuelles Da-Sein. Sein Äußeres aus
Gras und Stein wird von Regen, Wind und Licht lieb-
kost. Mit vollendeter Achtsamkeit feiert die Landschaft
die Liturgie der Jahreszeiten, gibt sich rückhaltlos der
Leidenschaft der Göttin hin. Die Gestalt einer Landschaft ist eine uralte schweigende Form von Bewusstsein. Berge sind unermessliche stumme Betrachtungen.
Flüsse und Bäche leihen dem Land ihre Stimme, sind
die Tränen der Wonne und Trauer der Erde.
Die Erde ist voller Seele.

Die Zivilisation hat den Ort gezähmt. Das Land wird planiert und mit Häusern und Städten bebaut. Straßen, Wege und Pflaster sind eben, auf dass wir mühelos gehen und reisen können. Sich selbst überlassen, lockt die Wölbung der Landschaft Gegenwart und Neigung zum Stillesein herbei. In der Zerstreutheit des Reisenden und des Zeitweiligen bleibt ihr uraltes Dasein unbemerkt. Die Menschen kennen nur die vergängliche Nacht. Unter der Oberfläche der Landschaft lebt die Erde in der ewigen Nacht, der dunklen uralten Wiege allen Ursprungs.

Tief in uns schweigt eine Stimme, die noch niemand je
vernommen hat – nicht einmal wir selbst. Gestatten wir
uns die Möglichkeit der Stille und schärfen wir unser
Lauschen, so wird es uns gelingen, tief innen die Musik
unseres Geistes zu vernehmen.

Musik ist schließlich der vollkommenste »Klang«,
der der Stille überhaupt begegnen kann. Wenn wir der
Musik wirklich lauschen, beginnen wir allmählich zu
hören, auf welch wunderbare Weise sie die Stille
gliedert und zu einem kristallinen Glanz strukturiert –
wie sie das verborgene Mysterium der Stille hervor-
bringt. Das Echo der zarten Membran, an der sich
Laute und Stille treffen, ist deutlich zu vernehmen.

Schon lange bevor der Mensch auf die Erde gelangte, ertönte hier eine uralte Musik. Dennoch ist die Musik zugleich eines der schönsten Geschenke, die der Mensch der Erde brachte. In wahrhaft großer Musik findet die uralte Sehnsucht der Erde eine Stimme.

Musik dient dem Schweigen und der Einsamkeit der Natur. Sie ist eine der stärksten, unmittelbarsten und intimsten sinnlichen Erfahrungen, die es für uns Menschen gibt. Sie ist vielleicht diejenige Kunst, die uns dem Ewigen am nächsten bringt, weil sie unser Zeiterleben unmittelbar und unumkehrbar verändert. Wenn wir schöner Musik lauschen, treten wir in die zeitliche Dimension der Ewigkeit ein.

Die Liebe ist das Licht, in dem wir Licht sehen.
Die Liebe ist das Licht, in dem wir alle Dinge gemäß
ihrem wahren Ursprung, ihrer wahren Natur und
ihrer wahren Bestimmung sehen.
Wenn wir es nur vermöchten, die Welt liebevoll
anzublicken, würde sie sich wie eine Einladung vor uns
auftun – tief und angefüllt mit Möglichkeiten.

Wir sollten unsere Freiheit restlos ausleben, denn sie ist eine einzigartige und nur zeitweilige Leihgabe.

Im Winter zieht sich die Natur in sich selbst zurück. Die Bäume werfen ihre Blätter ab und sammeln ihre Lebenskraft in ihrem Inneren. Wenn in unserem Leben der Winter herrscht, leiden wir unter Schmerzen, Mühsalen oder Verwirrung. Jetzt ist es weise, dem Vorbild der Natur zu folgen und uns in unser Selbst zurückzuziehen. Wenn es in unserer Seele Winter wird, ist es unklug, uns irgendwelche neuen Ziele zu setzen.

Wir tun besser daran, in Deckung zu gehen, uns ganz
klein zu machen und in der Geborgenheit unseres Baus
abzuwarten, bis diese trostlose, auszehrende Zeit
vorübergeht. Das ist das Heilmittel der Natur. Sie
pflegt sich in ihrem Winterschlaf. Wenn Leiden und
Schmerzen unser Leben zur Qual machen, müssen
auch wir Zuflucht in der Geborgenheit unserer Seele
suchen.

Der Frühling unserer Seele ist eine wunderbare Zeit, um uns auf neue Abenteuer einzulassen, neue Projekte in Angriff zu nehmen oder wichtige Veränderungen in unserem Leben einzuleiten. Was immer wir davon tun – wenn es Frühling in unserer Seele ist, tun wir es im Einklang mit dem Rhythmus, der Energie und dem verborgenen Licht unseres Erd-Herzens. Wir schwimmen dann mit dem Strom unseres Wachstums und unseres Potenzials. Der Frühling der Seele kann wunderschön, hoffnungsvoll und kräftigend sein. Selbst schwierige Übergänge gelingen uns dann ganz natürlich, auf eine ungezwungene spontane Weise.

Im Sommer bedeckt sich die Natur mit leuchtenden
Farben. Überall ist üppiges Wachstum, Fruchtbarkeit
und erdige Tiefe. Der Sommer ist eine Zeit des Lichts,
des Gedeihens und der Ankunft. Wir spüren, dass
das heimliche Leben des Jahres, das sich im Winter
verbarg und im Frühling hervordrängte, nun wirklich
aufgeblüht ist. Wenn es also Sommer in unserer Seele

wird, erleben wir eine Zeit großer Ausgewogenheit.
Wir befinden uns im Fluss unserer eigenen Natur.
Wir können jedes beliebige Risiko eingehen und landen
dennoch immer auf den Füßen. Es ist überall genug
Geborgenheit, Festigkeit und Tiefe, um uns vollkommen zu erden, im Gleichgewicht zu halten und
zu behüten.

Der Herbst ist die mir vielleicht liebste Jahreszeit; was im Frühling ausgesät und im Sommer genährt wurde, trägt nunmehr seine Früchte. Der Herbst ist Erntezeit, die Heimkehr der Samen am Ende ihrer langen, einsamen Reise durch die Dunkelheit und Stille des Erdreichs. Die Erntezeit ist einer der schönsten Abschnitte des Jahres und spielte im Bewusstsein der Kelten eine äußerst große Rolle. Die Fruchtbarkeit der Erde reifte zur Vollendung. Dementsprechend tragen, wenn es Herbst wird in unserer Seele, die Dinge, die sich in der Vergangenheit ereignet haben, oder die Erfahrungen, die fast ohne unser Wissen in die Erde unseres Herzens ausgesät wurden, jetzt Früchte. Der Herbst unseres Lebens kann eine Zeit reicher Ernte und großer Behaglichkeit sein. Er ist eine günstige Zeit, um die Früchte unserer Erfahrung heimzutragen.

Die Vergänglichkeit ist jene Kraft der Zeit, die jedes Erlebnis zum Gespenst seiner selbst macht. Es hat noch nie eine Morgenröte gegeben, die, so lieblich und verheißungsvoll sie auch sein mochte, nicht zum Mittag herangewachsen wäre. Es hat nie einen Mittag gegeben, der sich nicht zum Nachmittag und Abend geneigt hätte. Es hat noch nie einen Tag gegeben, der nicht in der schwarzen Erde der Nacht zur Ruhe gebettet worden wäre. Auf diese Weise macht die Vergänglichkeit aus allem, was uns widerfährt, Geister und Schatten. Wenn wir uns umblicken, sehen wir nicht etwa unsere Vergangenheit als eine Reihe durchlebter Tage hinter uns stehen. Wir können nicht einfach kehrt machen und durch die Bildergalerie unserer Vergangenheit schlendern. Unsere Tage sind verschwunden, lautlos und unwiederbringlich. Unsere Zukunft ist angekommen. Der einzige Zeit-Boden, auf dem wir stehen können, ist der gegenwärtige Augenblick.

In unserer Kultur wird – zu Recht – ein sehr großes Gewicht auf die Bedeutung und Unantastbarkeit der Erfahrung gelegt. Was wir denken, glauben und fühlen, bleibt, mit anderen Worten, eine bloße Fantasie, solange es nicht zu einem festen Bestandteil des Gewebes unserer Erfahrungen wird. Die Erfahrung ist der Prüfstein der Wahrheit, Glaubwürdigkeit und Intimität des Gegebenen. Und dennoch ist die Zukunft jeder Erfahrung ihr Verschwinden. Dieser Umstand wirft die faszinierende Frage auf: Gibt es einen Ort, wo sich all unsere verschwundenen Tage heimlich versammeln? Oder, wie der mittelalterliche Mystiker fragte: Wohin geht das Licht, wenn die Kerze ausgeblasen wird? Ich glaube, dass es tatsächlich einen Ort gibt, wo sich unsere vergangenen Tage heimlich anlagern. Dieser Ort heißt »Gedächtnis«.

Nichts von dem, was uns in unserem Leben widerfährt, fällt je dem Untergang oder der Vergessenheit anheim. Alles wird in unserer Seele, im Tempel des Gedächtnisses aufbewahrt. Daher haben wir im Alter auch die Möglichkeit, uns nach Belieben zurückzuwenden und unsere Vergangenheit noch einmal zu betrachten; wir können durch die Räume dieses Tempels wandeln und sowohl die schönen Tage wieder aufsuchen, als auch die schwierigen Zeiten, die uns Wachstum und Entfaltung schenkten. Tatsächlich ist das Alter – als die Ernte des Lebens – diejenige Zeit, in der wir unsere Zeiten und Zeitfragmente einsammeln und zusammentragen. Auf diese vereinheitlichen wir uns selbst, erlangen wir eine Kraft und Ruhe und Zugehörigkeit, die uns, solange wir gehetzt und unaufmerksam durch unsere Tage eilten, noch völlig unbekannt waren. Das Alter ist eine Zeit der Heimkehr in unsere tiefere Natur, des vollkommenen Eintretens in den Tempel unserer Erinnerung, wo alle unsere verschwundenen Tage sich nach und nach heimlich versammelt haben und uns nun gespannt und aufgeregt erwarten.

113

Im Pulsschlag ist das Leben und die Sehnsucht: alles
aufgehoben im großen Kreis der Zugehörigkeit, der
überallhin reicht und nichts und niemanden ausschließt.
Uns, die wir die unerbittlich ins Abwesende verschwin-
dende Stufenleiter der Zeit erklimmen und draußen im
ferne-einsamen Raum reisen, bleibt diese Umarmung
zumeist verborgen. Was wir hören, ist ein Wispern,
was wir sehen, ein flüchtiger Eindruck; aber jeder von
uns hat teil an der Göttlichen Vorstellungskraft, die
uns das Herz mit der Schönheit und Tiefe einer Welt
durchwärmt, die aus Wispern und Ahnungen gewoben
ist: einer ewigen Welt, die unserem Blick und dem
Echo unserer Stimme begegnet, um uns die Gewissheit
zu geben, dass wir seit aller Ewigkeit in Zugehörigkeit
geborgen sind, und um die Frage zu beantworten, die
im Herzen aller Sehnsucht hallt: Solange wir hier sind –
wovon sind wir eigentlich abwesend?

Beannacht

Am Tag, an dem
die Last auf deinen Schultern
unerträglich wird
und du strauchelst,
möge die Erde tanzen,
dir das Gleichgewicht wiederzugeben.

Und wenn deine Augen
hinterm grauen Fenster
zu Eis erstarren
und das Gespenst des Verlusts
sich in dich einschleicht,
möge ein Schwarm von Farben,
Tiefblau, Rot, Grün
und Azur, herbeikommen,
dich auf einer Au der Freude
aufzuwecken.

Wenn die Leinwand der *curach*[1]
des Denkens spröde wird
und ein Fleck Ozean
schwarz unter dir wächst,
möge ein Pfad gelben Mondlichts
sich über die Wellen legen,
dich sicher ans Ufer zu führen.

Möge die Nahrung der Erde dein sein,
möge die Klarheit des Lichts dein sein,
möge die Flüssigkeit des Ozeans dein sein,
möge der Schutz der Ahnen dein sein.

Und möge ein sanfter
Wind diese Worte
der Liebe um dich schmiegen,
wie einen unsichtbaren Mantel,
der dein Leben behüten soll.

---

[1] Traditionelles irisches Fischerboot, bestehend aus einem mit geteerter
Leinwand bespannten leichten Holzrahmen